SOCIÉTÉ POUR LA DÉFENSE DU
DE MARSEILLE

LOI

DES

PATENTES

RAPPORT

PRÉSENTÉ AU NOM DE LA COMMISSION SPÉCIALE

9 Octobre 1895

MARSEILLE

TYPOGRAPHIE ET LITHOGRAPHIE BARTHELET ET Cie

19, Rue Venture, 19

· 1895

117

SOCIÉTÉ POUR LA DÉFENSE DU COMMERCE
DE MARSEILLE

LOI

DES

PATENTES

RAPPORT

PRÉSENTÉ AU NOM DE LA COMMISSION SPÉCIALE

9 Octobre 1895

MARSEILLE

TYPOGRAPHIE ET LITHOGRAPHIE BARTHELET ET Cⁱᵉ

19, Rue Venture, 19

1895

SOCIÉTÉ POUR LA DÉFENSE DU COMMERCE DE MARSEILLE

Séance de la Chambre Syndicale du 9 Octobre 1895

M. Henri Estier. Président, au nom de la Commission spéciale (1), donne lecture du rapport suivant :

Messieurs,

La Commission que vous avez chargée d'examiner les conditions nouvelles proposées pour l'établissement des patentes ne pouvait avoir la prétention de résoudre toutes les questions que soulève le mode d'application de ces taxes directes si difficiles à asseoir.

Elle le pouvait d'autant moins que c'est là une des principales ressources du budget de la France et que le législateur a seul en mains les éléments d'étude qui lui permettent d'adopter une résolution en pleine connaissance de cause.

---

(1) Cette Commission était composée de MM. Henri Estier, *président*, E. Bizard, Maire, Meynadier, Richard, Rivoire, Rocca. M. Noble, membre de la Société, apportait à la Commission le précieux concours de ses connaissances techniques.

Notre rôle doit donc être borné à indiquer à nos représentants au Parlement les points sur lesquels notre attention s'est trouvée appelée en leur faisant connaître la solution que nous estimerions la meilleure au point de vue du commerce de notre ville. Il leur appartiendra de s'inspirer de nos opinions dans la mesure compatible avec les graves intérêts dont ils ont la garde.

La loi du 15 juillet 1880 dispose (art. 4) que, tous les cinq ans, il y aura révision des tableaux de classification des patentes.

A l'expiration de la troisième période quinquennale, le Parlement va avoir à s'occuper de cette révision, mais il aura en même temps à statuer sur des propositions diverses émanant :

1° De M. Georges Berry et d'un certain nombre de ses collègues ;

2° Du Gouvernement ;

3° De la Commission du budget.

Nous allons passer rapidement en revue les principales :

I. — Proposition de M. Berry et de ses Collègues.

Les propositions de M. Berry comportent trois modifications principales à l'état de choses actuel.

A. — Le droit fixe au lieu d'être le même pour tous les individus exerçant une même profession dans une même ville, variera dans la plupart des cas, suivant la valeur locative des locaux occupés.

B. — Les valeurs locatives des locaux d'**Habitation** n'interviendront plus dans la détermination des patentes.

C. — Des mesures spéciales seront prises contre les grands magasins.

Sur le premier point votre Commission estime qu'il est préférable de conserver les deux modes d'assiette de la taxe ; les droits fixes sont établis d'après des tableaux qui tiennent compte de la nature du commerce exercé et des aléas qu'il peut offrir, de la population de la localité où le commerce s'exerce ; le droit proportionnel tient compte de la valeur locative des locaux industriels.

Il y a donc semble-t-il intérêt à conserver ces deux bases d'impôt. Nous ajouterons que l'examen critique qui a été fait du mode de taxation proposé fait ressortir des diminutions fort importantes et d'autant plus fortes que l'établissement visé est plus considérable.

C'est ainsi que les établissements d'une valeur locative moyenne de 7.200 fr. verraient diminuer leur patente en principal de 50 0/0 (271 fr. au lieu de 544, à Paris). Par contre, les très petits patentables verraient accroître leurs charges.

Ce n'est évidemment pas une solution à recommander.

Votre Commission considère, au contraire, comme très heureuse la proposition B tendant à exclure les valeurs locatives des **Habitations** de l'assiette de la patente. On a objecté que cette suppression favoriserait les patentables les plus fortunés. Nous pensons que c'est là un point de vue erroné. En effet, les habitations d'une valeur locative élevée sont déjà lourdement frappées sous formes diverses (impôt foncier, cote mobilière, etc.) ; il est inutile de faire intervenir la contribution des patentes.

Par contre, le système actuel constitue en état d'infériorité les patentables peu fortunés mais ayant une nombreuse famille. Tel petit commerçant dont le local industriel est peu coûteux, se voit cependant fortement taxé à **Titre Patentable** parce que, ayant à pourvoir au logement de nombreux enfants, il est forcé de consacrer une forte somme à son loyer d'habitation. Votre Commission considère donc qu'il serait très désirable au point de vue libéral et économique à la fois de supprimer le droit proportionnel sur l'habitation comme le demande M. Berry.

Ce serait en même temps un premier pas fait dans la voie d'une plus équitable répartition des charges publiques entre les citoyens. Nous voulons dire par là qu'au moment où on s'occupe de la diminution de la natalité en France, il serait d'un heureux effet de montrer que l'on va enfin rechercher le moyen de faire l'inverse de ce qui se passe aujourd'hui. Actuellement, en effet, tout notre système fiscal tend à surcharger le père de famille au-delà de ses forces. Votre Commission ne peut qu'approuver une disposition qui réforme sur ce point une stipulation vicieuse de la loi. Il y a là une question de haute moralité dont l'importance ne vous échappera certainement pas.

En ce qui concerne la proposition C de M. Georges Berry, votre Commission ne peut la recommander. Si nous estimons, en effet, qu'il y a quelque chose à faire, et nous nous en expliquons au cours de ce travail, pour mettre les charges des grands magasins plus en rapport avec leurs chances de gain et pour égaliser ainsi la lutte, indéniable aujourd'hui, entre ces grands établissements et le moyen et le petit commerçant, nous pensons aussi que, pour atteindre le but, il ne faut pas le dépasser. Or la proposition de M. Berry le dépasse.

L'honorable député propose, en effet, de surélever les taxes sur les employés, de frapper d'une taxe considérable

les voitures de commerce et faire payer le droit principal
sur chacune des spécialités exploitées par les grands magasins.

On a calculé que si la formule de M. Georges Berry était
appliquée aux Grands Magasins du Louvre dont les locaux
ont une valeur locative de 1.015.000 fr., l'ensemble des
taxes appliquées donnerait en principal seulement une
contribution des patentes de 5.505.320 francs; avec les
centimes additionnels, elle dépasserait 11 millions. C'est
évidemment exagéré et l'on ne peut pas suivre les hono-
rables signataires de la proposition dans cette voie. Il y
aurait sûrement réaction à bref délai et c'est ce qu'il faut
éviter à tout prix.

II. — **Propositions du Gouvernement.**

Elles sont nombreuses ; nous n'avons retenu que les plus
importantes et seulement celles qui touchent au commerce
et à l'industrie de notre ville.

A. — Taxation plus élevée des patentables sans domicile fixe (marchands forains, déballeurs, etc.) ;

B. — Taxation nouvelle des marchands en gros de vins,
alcools et des fabricants d'eau-de-vie de vin, ainsi que des
marchands de vin en wagons réservoirs ;

C. — Dégrèvement des représentants de commerce ;

D. — Nouvelles dispositions touchant les grands magasins.

a) — Lors de la revision de 1890, la loi avait stipulé
que le droit proportionnel payé par les marchands forains

serait fixé d'une manière uniforme à 10 francs pour les marchands forains en voiture; à 7 francs pour les marchands forains sur bateaux et à 5 francs pour ceux avec bêtes de somme ou balle. A l'abri de cette législation, il est arrivé souvent que des marchands forains ou déballeurs séjournant moins de 6 mois dans une localité n'ont été soumis qu'au droit de 10 francs, bien qu'ils occupassent des locaux importants et fissent aux commerçants fixes des villes où ils passaient une concurrence redoutable.

Le Gouvernement propose de fixer le taux du droit proportionnel au tiers du droit fixe et indique que c'est un minimum qui pourra être augmenté ultérieurement si c'est reconnu nécessaire.

Cette disposition a paru à votre Commission de nature à sauvegarder les intérêts si respectables des négociants établis, en tenant la balance égale entre tous ; nous vous proposons de l'appuyer.

b) — Les marchands de vins en gros vendant principalement des vins par pièces ou des paniers de vins fins sont actuellement assujettis à la patente de la première classe du tableau A.

Le même droit fixe est dû par les marchands de vins en gros quelle que soit la quantité des vins qu'ils vendent.

Le Gouvernement propose de faire passer ce commerce du tableau A au tableau C sous le libellé :

« Marchands de vins vendant spécialement des vins par pièces ou par paniers de vins fins. Taxe déterminée 5 francs; plus pour les vins ordinaires 5 francs par chaque centaine ou chaque fraction de centaine d'hectolitres ; et pour les vins fins, liquoreux ou mousseux et apéritifs à base de vins, 15 francs pour chaque centaine ou fraction de centaine d'hectolitres lorsque ces vins sont vendus en *fûts*, et

3 francs par 1000 ou fraction de 1000 litres ou bouteilles, lorsqu'ils sont vendus en litres ou bouteilles. »

Les bases d'impositions seront déterminées d'après la moyenne des quantités vendues pendant les dernières années ou en cas d'impossibilité d'après la moyenne d'une période plus courte et même d'après les résultats probables de l'année en cours.

Le droit **Fixe** serait ainsi réglé d'après des **éléments variables**.

Le droit proportionnel continuerait à être établi au taux du 20e sur l'habitation, au taux du 40e sur les locaux professionnels.

Sous de trompeuses apparences de modération et avec la tendance affichée d'arriver à une plus équitable répartition de l'impôt, cette innovation bouleverse le régime actuel ; elle présenterait dans son application des inconvénients considérables.

La Chambre des députés vient tout récemment de supprimer les impôts indirects sur les boissons hygiéniques et a ainsi supprimé les formalités vexatoires et multiples que l'Administration des Contributions indirectes imposait à la circulation des vins. Le projet du Gouvernement sur les patentes **rétablit** l'exercice actuellement effectuée par les Contributions indirectes et le fait effectuer par l'Administration des Contributions directes ; c'est l'**annulation pure et simple de la décision prise par la Chambre des députés dans le vote de la loi des boissons**.

Si nous poursuivons l'examen de ce projet, nous trouvons, en dehors du rétablissement des vexations que la Chambre avait cru supprimer, une aggravation considérable de charges.

Tous les marchands de vins qui vendent en gros à la

3

commission vont se trouver frappés de droits exorbitants nullement en rapport avec les bénéfices réalisés, quoiqu'en puissent penser les promoteurs de la réforme ; car, il est à peine besoin de dire devant une assemblée de commerçants qu'il est illusoire et erroné de considérer les bénéfices comme exactement proportionnels aux quantités de produits vendus.

Le commerçant qui traite directement avec le consommateur a certainement devant lui une plus grande marge par hectolitre de vin ; donc la taxe n'est pas assise d'une façon équitable.

Les vins expédiés à l'étranger paieront-ils ce droit de patente ? on ne le dit pas ; si cependant la réponse est affirmative, c'est un nouveau droit d'exportation qui vient s'ajouter aux droits qui frappent nos produits à leur entrée en pays étranger. Veut-on encore placer nos nationaux dans des conditions d'infériorité plus grande ?

Et qu'on ne prétende pas que les chiffres sont insignifiants. Aujourd'hui, une taxe en principal de 15 centimes par hectolitre (plus que doublée par l'application des centimes additionnels) constitue dans bien des cas la parité des bénéfices réalisés.

Et, si nous voulons examiner le mode d'application du nouveau système, nous demanderons sur quoi l'Administration se basera pour faire la distinction entre les vins fins et ordinaires ? Quels seront les éléments assez précis pour permettre un classement équitable ? Les marchands de vins seront-ils à la merci d'un dégustateur ou bien se basera-t-on sur les prix ou la provenance ? Il suffit d'énoncer pour montrer les vices d'une organisation semblable.

Votre Commission a estimé que l'impôt basé à la fois sur les quantités et qualités de vins vendus donnerait des résultats bien différents de ceux que l'on voudrait obtenir, qu'il serait un obstacle de plus au commerce de commission et d'exportation, qu'il deviendrait inquisitorial, et qu'en outre, il serait contraire aux intérêts des consommateurs des villes qui ne peuvent pas comme les consommateurs des campagnes s'approvisionner directement chez les producteurs.

Elle vous propose donc à l'unanimité de demander instamment aux Pouvoirs Publics le maintient du statu quo et si le Gouvernement persiste dans sa proposition, votre Commission vous demande de prier nos représentants au Parlement d'en réclamer la disjonction, afin de faire englober l'examen de cette réforme dans l'étude complète du régime des boissons.

WAGONS RÉSERVOIRS :

Le Gouvernement propose :

« Marchand de vins vendant au moyen de wagons « réservoirs : 100 fr. par wagon-réservoir employé.

« Tout individu vendant du vin au moyen de wagons- « réservoirs est tenu d'avoir une patente personnelle réglée « d'après le tarif ci-dessus, lors même qu'il ne vend pas « pour son compte.

« Les vins vendus au moyen de wagons-réservoirs « entreront également en ligne de compte pour le calcul « de la patente due par le marchand de vins en gros au « siège de son établissement. »

De prime abord, cette taxe de 100 fr. par wagon employé paraît très élevée et semble devoir donner toute satisfaction aux marchands de vin ayant établissement et payant patente et qui, avec des frais généraux plus ou moins élevés, ont à lutter contre la concurrence des marchands ambulants, lesquels n'ayant aucun frais vendent dans les gares et au détail des vins qu'ils tirent directement des pays de production.

Cependant, si nous examinons le cas d'un marchand ambulant employant un wagon de 175 hectolitres auquel il ferait faire 10 voyages dans une année, ce qui est très admissible, pour 10 wagons de 175 hectolitres, soit 1750 hectolitres, notre marchand ambulant ne paiera que 100 fr. et rien de plus.

Par contre, si un marchand de vins en gros veut se livrer à ce genre de vente, il aura à payer comme le marchand ambulant : 100 fr. pour son wagon réservoir qui lui fera aussi 10 voyages, transportant 1750 hectolitres et de plus dans la patente qu'il paiera dans la ville où il aura son établissement on le taxera à 5 fr. par 100 hectolitres vendus, soit $1750 \times 5 = 87,50$ en principal. Le marchand en gros qu'on voulait protéger contre la concurrence du marchand ambulant paiera donc 87 fr. 50 en principal, soit près de 180 fr. avec les centimes additionnels de plus que ce dernier pour vendre la même quantité de vins.

Il nous paraîtrait équitable que le marchand en gros déjà patenté par ailleurs, n'eût pas à payer cette taxe de 100 fr. par wagon employé.

De plus, nous croyons que, dans les ports de mer, on devrait assimiler aux wagons réservoirs les navires citernes qui servent d'entrepôts pour la vente des vins.

c) — Les représentants de commerce, en gros, sont patentés au tableau B. Des réclamations nombreuses se sont produites sur cette tarification qui est très élevée. Le Gouvernement propose de classer les représentants de commerce à la deuxième classe du tableau A comme les marchands en demi-gros. Le dégrèvement, tel qu'il ressort des calculs qui ont été faits à la Commission du budget, variera de 25 0/0 à 50 0/0. Ce sera une facilité de plus accordée à nos représentants de commerce et on peut espérer d'heureux résultats de cette mesure libérale.

d) — Le Gouvernement propose enfin d'introduire diverses modifications au régime des patentes sous lequel sont placés les grands magasins.

La question des grands magasins est une des plus importantes de celles qui se présentent actuellement à l'étude de ceux que préoccupe l'avenir de notre commerce de détail. Les études ont été nombreuses, les discussions passionnées Récemment encore des critiques très vives ont été adressées à la loi du 28 avril 1893 qui régit depuis deux ans l'établissement des patentes des grands magasins.

Cette loi, en effet, établie en visant uniquement les grands magasins de Paris, a eu l'effet inattendu de dégrever les grands magasins de province occupant moins de 200 employés. La loi du 28 avril 1893 frappe d'une taxe déterminée unique les établissements ayant moins de 200 employés et impose, au contraire, d'après le nombre et la nature des spécialités exploitées les magasins ayant plus de 200 employés.

En outre, les employés au-dessus de 10 payent une taxe variable suivant la population et croissant suivant une raison constante de 10 par centaine.

Le taux de droit proportionnel est également gradué suivant le nombre d'employés.

Qu'est-il arrivé ? Les établissements de province, bien qu'ayant moins de 200 employés, sont par rapport aux commerçants de détail des villes secondaires de véritables grands magasins et les menacent au même titre que les vastes magasins de Paris peuvent menacer les établissements secondaires de la capitale.

Des plaintes nombreuses ont été formulées. La Chambre des Députés a voté, l'an dernier, un amendement tendant à soumettre à la taxe des spécialités les magasins ayant plus de 50 employés. La Commission du Budget de la Chambre avait, en outre, élevé la taxe par employé de 5 francs pour les villes au-dessus de 100.000 âmes et de 10 francs pour les autres.

Mais le Sénat repoussa ces modifications qui, faites sans cohésion, amenaient ce résultat étrange de majorer de 34 0/0 les droits des établissements de 51 à 100 employés, alors que ceux des établissements de 101 à 200 n'étaient aggravés que de 17 0/0.

Le Gouvernement propose aujourd'hui :

1° D'appliquer la taxe des spécialités aux magasins occupant plus de 100 employés (au lieu de 200) ;

2° D'élever de 5 francs la taxe par employé, dans les villes de moins de 100.000 habitants ;

3° De relever comme suit le droit proportionnel :

a) Au douzième (au lieu de au quinzième) pour les établissements de 51 à 100 employés ;

b) Au quinzième (au lieu de au dixième) pour les établissements de 26 à 50 employés.

Les résultats de l'application du projet de Gouvernement seraient les suivants :

CONTRIBUTION DES PATENTES — GRANDS MAGASINS

Effets du nouveau Tarif proposé par le Gouvernement pour les villes de plus de 100.001 habitants.

NOMBRE d'Établissements	NOMBRE D'EMPLOYÉS	VALEURS LOCATIVES	TARIF ACTUEL			TARIF PROPOSÉ			DIFFÉRENCES EN PLUS	TAUX de l'augmentation
			Droit fixe	Droit proportionnel	Total en principal	Droit fixe	Droit proportionnel	Total en principal		
		Francs.	Francs.	Francs.	Francs.	Francs.	Francs.	Francs.	Francs.	
				Grands Magasins de 101 a 200 employés						
1	160	97.000	4.650 »	9.700 »	14.350 »	7.905 »	9.700 »	17.605 »	3.255 »	23 %
				Grands Magasins de 51 à 100 employés						
4	296	172.410	7.433,34	11.494 »	18.927,34	7.433,34	14.367,50	21.800,84	2.873,50	15 %
				Grands Magasins de 26 à 50 employés						
34	1.227	742.915	31.646,44	37.145,75	68.792,19	31.646,44	49.527,66	81.174,10	12.381,91	18 %
				Total général						
39	1.683	1.012.325	43.729,78	58.339,75	102.069,53	46.984,78	73.595,16	120.579,94	18.510,41	18 %

Votre Commission n'estime pas que les propositions du Gouvernement constituent une amélioration suffisante dans le sens réclamé par les commerçants.

L'augmentation qui en résulterait serait, en effet, insignifiante, car si nous excluons l'unique établissement qui a en province plus de 100 employés, nous constatons une augmentation totale de 15.000 francs pour 38 établissements, c'est-à-dire $\dfrac{15.000}{38} = 400$ francs d'accroissement par magasin. C'est un chiffre tout à fait insignifiant.

D'autre part, la taxe par employé ne paraît pas à votre Commission devoir être relevée, car c'est souvent l'une des conditions indispensables de certains genres de commerce que d'avoir un grand nombre d'employés.

Par contre, il paraît juste de frapper les spécialités, car, cela a été dit avec beaucoup de raison, chaque branche du commerce d'un grand magasin bénéficie des avantages qui sont réunis dans cet établissement (publicité, facilités d'achat, appel de la foule, etc., etc.).

Nous vous proposons donc de demander que la taxe des spécialités soit étendue aux grands magasins occupant plus de 50 employés.

La seule objection qui ait été faite lors de la discussion à la Chambre de cette disposition, c'est qu'elle augmenterait d'une façon injustifiée les droits des magasins moyens de Paris, dont le dégrèvement n'a pas donné lieu aux mêmes critiques que celui des établissements de province. Rien n'est plus facile et plus logique que de faire une distinction entre Paris et la province en ne soumettant les établissements de Paris à la taxe des spécialités qu'au-dessus de 100 employés.

Si notre modification était acceptée, les propositions du Gouvernement seraient ainsi résumées :

1° Appliquer la taxe des spécialités aux magasins occupant plus de 100 employés à Paris et plus de 50 en province (au lieu de 200) ;

2° Elever de 5 francs la taxe par employé pour les villes de moins de 100.000 habitants ;

3° Relever le droit proportionnel :

a : Du quinzième au douzième pour les établissements de 51 à 100 employés ;

b : Du vingtième au quinzième pour les établissements de 26 à 50 employés.

Il y aurait là, semble-t-il, un moyen terme entre l'excès évident de la proposition de M. G. Berry et l'insuffisance des propositions du Gouvernement.

Vous accepterez, nous n'en doutons pas, la proposition de votre Commission sur ce point spécial si controversé.

III. — **Propositions de la Commission du Budget**.

Les propositions de la Commission du Budget sont conformes à celles du Gouvernement ; mais la Commission propose, en outre, diverses modifications, dont les principales portent sur les **Raffineurs de sucre**, les **Raffineurs de pétrole** et les **Officiers publics ou ministériels**.

En ce qui concerne les Raffineurs de sucre, votre Chambre syndicale a été saisie par les raffineurs de Marseille

(Raffineries de sucres de Saint-Louis et Raffineries de la Méditerranée) d'une protestation contre le mode de taxation proposé à l'égard de leur industrie, par la Commission du Budget. Votre Commission a examiné attentivement la situation qui serait faite à cette industrie de votre ville et elle est unanime à vous proposer de résister énergiquement aux exigences de la Commission du Budget.

Il est nécessaire, pour fixer votre opinion, d'entrer dans des détails complets. La question est d'ailleurs assez grosse pour mériter de retenir votre attention.

La Commission du Budget propose de taxer désormais les raffineurs de sucre à raison de :

1° F. 0.40 par 1000 kilogs pour les raffineries traitant moins de 5 millions de kilogs par an ;

2° F. 0.75 par 1000 kilogs pour celles qui traitent de 5 à 10 millions de kilogs ;

3° F. 1.25 par 1000 kilogs pour celles qui traitent plus de 10 millions de kilogs.

La patente serait ainsi portée pour toutes les raffineries de France de fr. 207.410 à fr. 613.754 en principal et s'élèverait, avec les centimes additionnels (fr. 1,20 en moyenne), à fr. 1.350.258, sans compter les frais de Bourse et de Chambre de Commerce.

Les Raffineries de Marseille qui, jusqu'en 1880, payaient pour leurs trois établissements une somme de fr. 20.000 environ, ont vu passer depuis la mise en vigueur des lois du 14 juillet 1880 et du 8 août 1890 leurs droits de patente à fr. 90.000 par an, soit fr. 300 par jour de travail.

Si les propositions de la Commission du Budget étaient adoptées par le Parlement, ces droits atteindraient, à partir du 1er janvier 1896, le chiffre énorme de 334.742 fr. 35, c'est-à-dire, l'équivalent d'un impôt quotidien de fr. 1.100.

Aux yeux de nos législateurs cette augmentation, dont ils veulent bien reconnaître l'importance, est justifiée par ces deux considérations « que la patente doit représenter en principal environ 3 0/0 du bénéfice net et que le bénéfice réalisé par les sept grandes Raffineries seulement peut être évalué à 18 millions de francs par an. »

Il est d'abord intéressant de remarquer que l'on arriverait, si la proposition de la Commission du Budget était admise, à transformer le droit de patente en un impôt sur le revenu et le principe même du droit de patente semble exclure cette prétention. La patente, en effet, comme son nom l'indique, est la charge, le droit supporté par un citoyen quelconque pour avoir la faculté d'ouvrir un commerce, une industrie quelconque. Le droit de patente se substitua aux droits de maîtrise et jurande, et eut pour but de donner à toute personne la faculté d'exercer la profession ou le commerce qui lui conviendrait, sous la seule condition de se pourvoir du **permis d'ouverture** *(patere)* de son commerce et de se conformer aux réglements de police ; c'est là l'essence même de la loi de 1791 qui institua la patente, en proclamant la liberté du commerce et de l'industrie.

En ce qui regarde l'application de la loi, il importe, il est vrai, de trouver une base d'appréciation pour asseoir les droits des patentables ; cette base a été beaucoup plus facilement tirée de la faculté présumée des négociants et de leurs moyens de production, de leurs instruments de travail, de l'importance de leurs capitaux, que de la réalisation de leurs bénéfices. Il serait facile de citer de nombreux exemples qui démontrent que tel patentable qui exerce une profession lucrative paye des droits notoirement modérés au regard de tel autre dont les droits sont excessifs, sans être en rapport avec le bénéfice qu'il réalise. Ici donc, comme plus loin en ce qui concerne le mode de taxation des officiers publics, nous nous élevons contre le principe de proportionner les droits des patentables aux bénéfices **présumés**. Ce système a les inconvénients de l'impôt sur le revenu, sans en avoir les avantages.

La patente ne doit compte, à notre sens, que de la puissance des outils de travail, puissance qui est, dans la plupart des commerces et surtout des industries, indiquée par l'importance des locaux. Pour le cas spécial qui nous occupe, il est bien évident qu'une Raffinerie, dont le loyer annuel est de 500.000 fr., est plus importante que telle autre dont le loyer atteint à peine 50 à 60.000 fr., que le nombre d'ouvriers, nombre qui sert à l'établissement de la patente, est également un signe certain de la puissance de production.

Mais, si laissant même la question de principe de côté, nous entrons dans l'examen des bases sur lesquelles s'appuie le système proposé par la Commission du Budget en ce qui concerne la Raffinerie, nous nous apercevons rapidement du mal fondé de cette taxation et des erreurs qui ont présidé aux évaluations faites.

Pour arriver au chiffre de bénéfices indiqué, on prend l'écart moyen de F. 11 à 12 qui a existé entre les cours du sucre brut blanc indigène et celui du raffiné, pendant l'année 1894 ; on en déduit une marge de fabrication de F. 6.50 à 7.50 et on **arbitre** le bénéfice net à F. 4.50 0/0 kilogs qui, répartis sur 395.000.000 de kilogs. donnent 18.000.000 environ.

Sur ce chiffre de bénéfices présumé on fixe, nous ne savons pour quel motif, la part de la patente à 3 0/0, et on en conclut que les Raffineurs de France doivent payer une patente en principal de 547.000 francs que l'on transforme par le procédé que nous avons indiqué en droits sur le nombre de tonnes de sucre brut travaillé.

Voyons donc ce que vaut ce bénéfice net de 4 fr. 50 par 0/0 kil., auquel la Commission du budget fixe le résultat de la raffinerie.

L'écart moyen entre le brut et le raffiné pris pour base a été exactement, d'après les cotes officielles de la Bourse de Paris, de 11.30 pour 1894 ; il faut en déduire, pour calculer le bénéfice que la raffinerie a pu réaliser : 1º les frais de fabrication, 2º le déchet de raffinage, 3º la différence constante qui existe entre la cote des raffinés et le prix de vente réel.

Les frais de fabrication, sans l'intérêt, ni l'amortissement, ne sont pas inférieurs à F. 6 par 0/0 kil.

Le déchet de raffinage est de 1 1/2 pour 0/0. C'est celui qui est inscrit dans les lois relatives à la perception du droit sur les sucres bruts, qu'ils soient importés des Colonies ou qu'ils soient fabriqués en France.

Quant à la cote des raffinés, elle n'est pas l'expression exacte des cours pratiqués. En effet, si la cote des sucres bruts a un caractère d'authenticité incontestable puisqu'elle résulte de la moyenne des opérations réellement conclues à la Bourse de Paris et qu'elle est établie par une commission ayant un caractère officiel à cet effet, il n'en est pas de même pour le cours du sucre raffiné.

Ce dernier est fixé par **appréciation** et en tenant compte des renseignements recueillis soit auprès des vendeurs, soit auprès des acheteurs.

Les affaires en sucre raffiné ne se traitent pas à la Bourse, les Raffineurs de Paris vendant les 8/10mes de leur production en province par l'intermédiaire d'agents avec lesquels ils sont en correspondance directe.

Or, ce n'est un mystère pour personne que les industriels n'obtiennent jamais pour leurs produits les prix demandés.

Ceci est surtout vrai pour les raffineurs de sucre qui font généralement sur les prix cotés une réduction de 0.50 à 1 fr. 0/0 kilogs, suivant l'importance des transactions.

Pour avoir donc le prix exact qui est pratiqué pour les raffinés, il faut réduire de 0.50 minimum ce que l'on appelle improprement la " Cote officielle ".

Dans ces conditions, voici comment doit-être établi le compte du raffineur, en admettant, ce qui est invraisemblable, que chaque jour il achète la quantité de matière première nécessaire à sa fabrication et qu'il vende exactement la quantité produite.

En 1894, le prix du sucre blanc n° 3 devant rendre 97 kil. 50 de raffiné (99° 1 1/2 0/0) a été, droits payés, de 91 fr. 01 et celui du raffiné de 102 fr. 31 0/0 kilogs qu'il faut diminuer de 0 fr. 50 soit 101 fr. 81 net.

Recettes :

F. 99,26 produit de 97 k. 50 de raffiné à 101 fr. 81.

Dépenses :

F. 91,01 coût de 100 k. de sucre brut
6, » frais de fabrication
_____
97,01

F. 97,01
_____
F. 2,25 de bénéfice.

Pendant les six premiers mois de l'année 1895, la cote des bruts a été de 85 fr. 54, celle des raffinés 95 fr. 60 et l'écart n'a pas dépassé 10 fr. 05.

Si l'on appliquait à cette période le même procédé de

calcul, on constaterait que le bénéfice serait réduit à 1 fr. 17 0/0 kil. pour une marchandise valant 95 fr. c'est-à-dire à peine un et quart pour cent.

Et c'est avec cette marge qu'il fait faire face aux risques inhérents à toute exploitation industrielle, rémunérer et amortir les capitaux engagés. Nous sommes bien loin des chiffres cités par le rapporteur de la Commission du Budget et on a le droit de s'étonner qu'il les ait admis sans en contrôler l'exactitude.

En ce qui concerne l'écoulement des produits des raffineurs de France à l'étranger, ceux-ci sont placés dans une situation d'infériorité marquée vis-à-vis de leurs concurrents allemands. autrichiens et belges qui, tous. sont favorisés par des primes d'exportation variant de 1,50 à 4,50 par 0/0 kil. et qui, tous, avec une main d'œuvre moins coûteuse et des objets d'approvisionnement, charbons ou autres, plus à portée, arrivent à des prix de revient de fabrication notoirement inférieurs à ceux de nos raffineries.

Dans ces conditions, vous apprécierez comme nous qu'il y a lieu de s'élever énergiquement contre l'adoption d'un système qui, contrairement au principe même de l'établissement de la patente, pourrait avoir des résultats néfastes.

Si nous nous sommes étendus un peu longuement sur cette question, c'est que votre Commission a été frappée de la portée des arguments qui lui étaient présentés et qu'elle a, en même temps, apprécié que l'activité commerciale de notre port, dans le mouvement duquel les sucres bruts et fabriqués jouent un rôle important, était menacée par des propositions dont nul ne peut exactement mesurer la portée.

Des observations analogues seraient à présenter pour l'industrie des pétroles. Sans nous étendre sur cette question, nous demandons que le Parlement maintienne le *statu quo*.

Enfin, en dernier lieu, partant du même principe qui l'a guidée dans ses propositions relatives aux raffineurs de sucre, la Commission du Budget propose d'asseoir la patente des officiers publics ou ministériels sur le taux de vente des charges qu'ils occupent.

Bien que les professions exercées par les officiers ministériels n'entrent pas dans la catégorie de celles dont nos mandants nous ont confié la défense, nous ne pouvons nous empêcher de vous faire remarquer que là, comme à propos des raffineurs de sucre et de pétrole, il y a tendance à déplacer le sens même de l'impôt des patentes et à le transformer en un impôt sur le revenu « présumé » d'une industrie. Nous n'avons pas à nous prononcer ici sur la question de l'impôt sur le revenu, mais nous estimons que, s'il doit être établi, il doit l'être d'une façon franche et ouverte, en en pesant avec soin toutes les conditions et en prenant toutes les garanties pour que son assiette soit fixée suivant des procédés équitables et exacts. Il n'est pas possible de le glisser dans un impôt d'**autorisation** comme l'est celui de la patente, alors que les conditions mêmes dans lesquelles il peut s'y introduire font craindre qu'il ne soit à la fois innefficace et injuste.

En résumé, votre Commission vous propose d'adopter les résolutions suivantes dont nos représentants voudront bien sans doute, après examen, se faire les défenseurs au Parlement.

1° Maintenir pour l'assiette de la taxe le mode actuel d'établir le droit fixe et le droit proportionnel ;

2° En ce qui concerne l'habitation du patentable, supprimer l'intervention de la valeur locative de l'habitation dans le calcul du droit proportionnel de la patente ;

3° Patentables sans domicile fixe tels que marchandsforains, déballeurs, etc. : élever pour cette catégorie de commerçants le droit proportionnel au tiers du droit fixe ainsi que le demande le Gouvernement ;

4° Marchands de vins en gros ; Maintien du *statu quo*, cette catégorie de patentables restant inscrite à la première classe du tableau A.

5° Wagons réservoirs : Exclure de la patente de 100 fr. par wagon réservoir les marchands de vins en gros, dans le cas où les propositions du Gouvernement touchant le nouveau mode de taxation des marchands de vins seraient adoptées.

6° Dégrever les représentants de commerce en gros dans la mesure proposée par le Gouvernement en les assimilant aux marchands en demi-gros et les transférer du tableau B au tableau A, 2me classe.

7° En ce qui concerne les grands magasins, adopter les trois modifications suivantes :

Appliquer la taxe des spécialités aux magasins occupant plus de 100 employés pour la ville de Paris et à ceux occupant plus de 50 employés pour les autres villes.

Augmenter de 5 fr. la taxe par employé, pour les villes de moins de 100,000 habitants comme le demande le Gouvernement ;

Enfin, relever le droit proportionnel dans la mesure proposée par le Gouvernement, soit du 15me au 12me pour les établissements de 51 à 100 employés, et du 20me au 15mo pour les magasins de 26 à 50 employés.

8° Raffineries de sucre : Repousser les propositions de la Commission du Budget qui tendraient à frapper cette industrie d'après l'importance de la production, et maintenir le *statu quo;*

9° Raffineries de pétrole : Maintien du *statu quo ;*

10° Officiers publics ou ministériels : Demander le maintien de la taxe actuelle et écarter, par suite, la proposition de la Commission du Budget.

Au moment où les Chambres sont appelées à procéder à la révision quinquennale de la loi des patentes, après avoir examiné les divers projets qui lui sont soumis, nous considérons comme un devoir d'appeler l'attention de nos législateurs sur la taxation d'une industrie pour laquelle aucune modification n'a été proposée.

Nous voulons parler de la minoterie en général et de celle de notre cité plus spécialement.

Le projet de loi de la Commission du budget et celui du Gouvernement sur la révision quinquennale des patentes restent muets sur les droits de patente de minotiers ou exploitants de moulins à farine.

Nous pensons que le moment serait opportun de voir apporter une modification importante à l'assiette de la taxe qui frappe si lourdement cette branche de l'industrie.

La législation actuelle assujettit les moulins ou autres usines à moudre, battre, triturer, broyer, pulvériser, presser, aux taxes suivantes, d'après les règles du tableau C.

Le droit fixe est réglé à raison de :

5 F. par paire de meules ;

5 » par paire de cylindres d'une longueur de plus de 0,70 cent. ;

4 » par paires de cylindres d'une longueur de 0,50 à 0,70 cent. ;

3 » par paire de cylindres d'une longueur inférieure à 0,50 cent. ;

5 » par presse ;

1 » par piloir.

Ce droit fixe est doublé lorsque l'usine fonctionne pour le compte d'un exploitant qui achète les matières premières pour revendre ensuite les produits de sa fabrication.

Cette taxation nous paraît rationnelle et ne soulève aucune objection pour le moment.

Le droit proportionnel est établi au 20e sur l'habitation et au 50e sur l'établissement industriel.

La taxe du 50e frappant la valeur locative des minoteries est le taux normal qui a été accepté sans récriminations et sans aigreur. Nous n'aurons donc pas à en critiquer l'application.

Ce qui doit attirer l'attention des Pouvoirs publics, ce sont les éléments que le législateur a introduits dans la base qui sert à déterminer la valeur locative des usines qui nous occupent.

Le principe général adopté pour les usines de toute nature veut que le droit proportionnel soit calculé sur la valeur locative des établissements industriels pris dans leur ensemble et munis de tous leurs moyens matériels de production.

En conséquence, dans l'estimation des usines, on comprend non seulement la valeur locative des bâtiments dont elles se composent, mais encore celle de l'outillage qu'elles renferment et celle de la force motrice (Instruction générale de 1881, art. 47).

Nous prétendons que ce principe n'atteint que très légèrement les usines mues par la vapeur, mais qu'il occasionne, dans l'établissement du droit proportionnel, des charges aggravantes et hors de proportion, pour celles qui sont mises en mouvement par les eaux.

On sait qu'à Marseille la redevance des Eaux du Canal de la Durance est très onéreuse pour les Industriels. La Ville perçoit cette redevance à raison de 275 fr. par cheval de force.

Ainsi donc une usine qui comportera une force motrice de 60 chevaux paiera une redevance de 16.500 fr. par an. A la valeur locative des bâtiments et du matériel qui servira à établir le droit proportionnel de patente de la dite usine on viendra ajouter la somme de 16.500 fr.

Une usine identique ayant la même force motrice (60 chevaux), mais actionnée par une machine à vapeur dont le coût pourra s'élever à 25 ou 30.000 fr., ne sera assujettie au droit proportionnel de patente que pour une valeur locative de 2.500 à 3.000 fr. au lieu de 16.500 fr.

Un tel exemple est bien fait pour dévoiler les anomalies et les injustices d'un tel principe.

Cette situation est particulièrement néfaste aux Minoteries de Marseille qui se trouvent dans un état d'infériorité notoirement inquiétant par rapport à celles qui utilisent la vapeur comme force motrice et celles qui sont desservies par des cours d'eaux ou des chutes dont l'usage est gratuit ou peu onéreux.

Nous estimons donc que notre Assemblée parlementaire ferait œuvre de sagesse et d'équité en demandant pour cette industrie, non pas une faveur, mais un soulagement qui atténuerait dans une prudente mesure les lourdes charges qui pèsent sur elle.

On ne doit pas perdre de vue que l'industrie de la minoterie s'impose depuis plusieurs années des sacrifices
innombrables. Pour se mettre à niveau des perfectionne-
ments entrepris dans la minoterie étrangère, nos usines
ont dû transformer complètement leur outillage en rempla-
çant le vieux matériel par des cylindres, et cette modification a exigé l'immobilisation d'importants capitaux.

Favoriser une branche de l'Industrie aussi digne d'intérêt, c'est développer l'essort de l'Industrie nationale elle-
même ; c'est accroître la prospérité de notre pays dont
l'honneur doit être de ne pas se laisser distancer par les
nations étrangères.

Nous demandons donc qu'une loi salutaire vienne affran-
chir les moulins à farine du droit proportionnel de patente
qui frappe, d'une façon aussi injustifiée que vexatoire, la
valeur locative qui repose sur la redevance des eaux.

Une observation qui ne doit échapper à l'observation de
personne a besoin d'être mentionnée :

S'il existait dans notre ville une entreprise privée pour
la distribution des eaux, cette Compagnie serait assujettie
à des droits de patente, en raison de son exploitation et nos
usines seraient affranchies par cela même des droits proportionnels assis sur la redevance payée.

La loi ne permettant pas à une commune, qui est placée
sous la tutelle administrative, de faire acte de commerce,
toute immunité fiscale lui est accordée et aucun droit de
patente ne lui est applicable. Le Trésor ne pouvant perdre
ses droits, la jurisprudence du Conseil d'Etat a reporté sur
les Industries les taxes qui ne pouvaient être exigées de la
commune.

Telle est l'anomalie choquante qu'il y a lieu de signaler et qui nous paraît de nature à mériter la révision que la justice du Parlement ne lui refusera pas.

Marseille, le 9 octobre 1895.

La Commission.

Ce rapport entendu, la Chambre Syndicale l'adopte à l'unanimité des membres présents, le convertit en délibération et décide qu'il sera imprimé et adressé à MM. les Ministres du Commerce et des Finances, à MM. les Sénateurs et Députés de Marseille, ainsi qu'à MM. les Députés membres de la Commission du Budget.

Le Président,

Henri ESTIER

Marseille. — Typ. et Lith. Barthelet et Cⁱᵉ.